説明のルール

発問
説明
指示
を超える

山田洋一
Yamada Yoichi

さくら社

◆はじめに

　ある年、私は五十代のベテラン教師と学年を組むことになりました。転勤してきたばかりの私は、その先生がどのような指導をされるのかも、どのような先生なのかもまったく知りませんでした。

　ところが、ともに指導をさせていただくようになって一ヶ月あまりがたつうちに、私はすっかりその先生のとりこになってしまいました。たいへん厳しい指導をされる先生でありながら、一人ひとりの子どもにかける言葉は温かく、どの子もその先生のことを信頼し、言うことをよく聞いていていました。

　とりわけその先生のお話は絶品でした。

　子どもたちの許し難い行動には切々と訴えて強い反省を促し、そこに成長があれば嬉しそうな表情で率直に話す。楽しい話はお腹を抱えて笑うほどに、悲しい話は心に沁み入るようにしっとりと話をされます。

　しかも、子どもたちは身じろぎもせず、その先生の話を十分、十五分と聞き続けていたのです。それは単に話しぶりがいいというような程度のことではなく、また、話の内容が常に感動的なものであったわけでもありません。当然、授業に関することや活動上の注意事項など、いわゆる「説明」的なことがらであることも多くありました。

しかも、その「説明」には驚くほど多様な指導事項が込められていたのです。

それまで私は、「説明は短く・端的に」とだけ考えていましたが、その先生と出会ってからというもの、その考え方は一変しました。

もちろん、つまらない話を長くするのは禁物です。しかし、よい話であれば、長くしても子どもたちは決して飽きないし、ストレスも感じないのです。

大切なのは、説明の長い・短いではなかったのです。聞かせる説明の内容の良否にこそ、その本質的問題は隠れていたのです。

そうして、説明について真正面から取り組んでみようと考えるようになったのです。

それまでは、指導で大切なのは説明よりも、発問や指示であると考えてきました。しかし、いまや発問や指示について同様、教室における説明の技術についても研究が進められるべきだと、私は考えています。

なぜなら、授業をしようとすれば、必ず課題や課題解決の方法、その進め方、また正答や学習の成果について子どもたちに説明をしなければならないからです。

発問・指示のない授業は稀に見かけますが、説明のない授業は存在しません。それくらい説明は重要なものなのです。しかし、それに見合っただけの説明研究が進められているかといえば、実はそうではありません。

教師は、説明の重要性には気づいていながら、どうすれば効果的に説明ができるかについて、十分知っているというわけではないのです。

七〇年代以降の授業研究の歴史においては、発問や指示の技術に関する文献、論文は多くあるのに、説明を正面から扱ったものは極端に少ないのです。

それには三つの理由が考えられます。

一つは、発問して思考をさせたり、指示して活動をさせたりする授業が、子ども主体の授業を具現するので、教師たちから支持されたということ。一方で、説明を重視した授業は、講義型授業を連想させるので、現場教師たちから避けられてきたということがあります。

二つ目は、説明は、教師のタイプやその教師と子どもとの関係性において、その伝わり方が変わるので説明の技術を普遍化しにくいこと。例えば、四月に「ここ空けて」と言っても子どもには通じないのに、三ヶ月もすれば「ここ空けて」と指示されれば、「ノートの行を一行空けるのだな」と子どもが理解してくれるというようなことです。つまり、少しわかりづらい説明をする教師でも、その教師と付き合う期間が長くなれば、子どもたちにはなんとなく意味が伝わってしまうということが実際の教室ではあるのです。また、逆に一般的な評価としてわかりやすい説明でも、四月当初は子どもの反応がいまひとつということもあります。

三つ目は、普遍化しにくいので、どの教師、どの教室にでも当てはまる説明の技術を扱おうとすると、ごくごく表面的な技術の抽出にとどまってしまうこと。つまり、声の出し方、表情、ジェスチャー……という程度の技術をなぞってよしとしてしまうということです。

教室における説明の研究が、重要でありながらこのような理由でなかなか進まないのはたいへん残念です。

そこで、単にわかりやすく話すというだけでなく、教師と子どもとの関係性に依存しすぎるのでもなく、また単なる表層の技術論でもない説明の技術を、明らかにしようとするのが本書のねらいです。

説明研究の難しさを超えて、子どもを育てるという教室における説明の本質に着眼した「超える『説明のルール』」を、本書では披露します。

閉塞した説明研究に小さな風穴でも開けられれば幸いです。

第1章 子どもの行動を引き出す説明——11

第2章 Ⅰ 自己選択感から自発性を引き出す説明——29

第2章 Ⅱ 実感から納得を引き出す説明――53

イラスト　坂木浩子

第1章

子どもの行動を引き出す説明

1 教室での説明に必要なこと

ある事柄について、聞き手にわかりやすく話すことを、説明と言います。

説明は、相手にわかりやすく伝えることが基本的に一番重要です。

ですから、多くのビジネス書を開けば次のような要点が並んでいます。

・全体から細部へ
・結論を先に
・具体的に
・キーワードを使って　……

もちろん、教室における説明にもこうした要点に気を配る必要があることは言うまでもありません。せっかくの説明がわかりづらかったり、子どもに伝わらないものであっては何にもならないからです。

しかし、本書では、「わかりやすく話す」ということには、それほど重点を置いていません。

なぜなら、教室における説明では「わかりやすく伝える」以外の要素が、より重要だと考えるからです。そして、「それ以外の要素」こそを、本書では解き明かし、その重要性を訴えたいと考えています。

次の例を読んでみてください。新しい教科書を使う初回の時間（小学一年生）の場面です。

A　教科書を出しなさい。折り目をきれいにつけなさい。

B　教科書を出しなさい。勉強がしやすいようにある作業をします。教科書をこのままの状態で使うと……ほら、パタンって閉じちゃうね。そこで、閉じないように折り目をきれいにつけていくよ。お母さんがアイロンをかけるときみたいにね。

さて、みなさんは教室における「よい説明」はどちらだと考えますか。

もちろん、小学校の高学年や中学生に向けて、Bのような説明をする教師はいないでしょう。しかし、小学三年生くらいまでの子どもに向けてなら、多くの教師がBを選ぶのではないでしょうか。

では、なぜ多くの教師がBを選ぶのでしょう。

それは、この説明の中に「**目的**」「**必然性**」「**規準**」「**意欲喚起**」が含まれているからです。

わかりやすく書き直すと次のようになります。

・目的　「勉強がしやすいように（教科書が見やすいように）」
・必然性　「教科書をこのままの状態で使うと……ほら、パタンって閉じちゃうね。」
・規準　「（閉じないように）折り目をきれいにつけていくよ。」
・意欲喚起　「お母さんがアイロンをかけるときみたいにね。」

教室での説明は、多くの場合、このような要素を含みながらなされます。

教師はこのような**「目的**（何のために）**」「必然性**（なぜ）**」「規準**（どれくらい・どのように）**」「意欲喚起**（やりたくなるように）**」**が含まれた説明をしようと普段から考えています。いえ、それは、むしろ意識されていないかもしれません。意識されないくらいに、そうした説明をすることが肉体化され、当たり前のことになっているのです。

では、なぜ教師は、このような要素を含んだ説明をしようとするのでしょうか。

2 説明の意義

それは、教室で行われる説明が、他の場所で行われる説明と性質を異にしているからです。

教室における説明は、そのほとんどが**教育的説明**です。

その第一の特質は、未知を既知にすることです。

教室で子どもたちに伝えられる事柄は、子どもが知らないこと、経験したことがないことが中心になります。これは、教室が教育の場であるためで、「新しく知ること・経験すること」が、その場での重要な目的になっているからです。

逆に、子どもが「知っていること・経験したことがあること」を教えるのでは、「今日の授業で子どもが、新しく獲得したことは何だったのでしょう?」ということになります。

ですから、子どもが知らない事柄を知ったり、新しく経験したりする場面で行われるということが、教室における説明の特質の一つであると言えます。

通常、子どもが知らない事柄を知ろうとしたり、新しく経験しようとしたりする場合、子どもたちは、それらが未知であったり、未経験であったりするため、その事柄の目的や必然性、それをなす規準を知りません。また、それに取り組む意欲も湧いてきません。

教室における説明は、それらを子どもたちに**明示**するために行われます。

この説明によって、子どもたちはこれから知ろうとしていること、経験しようとしていることの、目的、必然性、規準を知ったり、それによって意欲を高めたりします。

それはつまり、学習に見通しと納得、そして安心感、そればかりではなく「よし、やってみよう」という意欲さえ持つことになるということです。

もしもそうした説明がなされなければ、子どもたちは、心からそれに向かうことができなくなるのは、想像に難くありません。

自分自身に置き換えて考えてみてください。目的も必然性も知らされず、「とにかく、バケツに水を二十杯汲んできて」という指示には素直に従えないでしょう。

人は、行動に対する目的や必然性、規準などといったものがわかってはじめて意欲的になれるのです。

何かを知ろうとしたり、経験しようとするときには、それに向かうための情報が与えられていることが重要です。特に、責任を帯びた仕事や義務を与えられることが少なかったり、それらへの認識自体が低かったりする子どもであればなおさらです。

そのため「目的」「必然性」「規準」「意欲喚起」を説明に含めることが、教室では求められるのです。

第二の特質は、教室における説明が、聞き手の行動までも変容させることを期待して行われるということです。つまり、説明によって与えられた情報によって、子どもたちの望ましい行動を引き出すという側面を、教室の説明が担っているということです。

「気体の状態の水は、水蒸気です」

この説明は、教育内容についてされるものの一例で、「よりわかりやすく話す」ということが、求められるものです。

そして教師が「説明」という言葉から想像する内容は、通常これに近いものであると思います。例えば、「江戸幕府を開いたのは徳川家康です」「『ごんぎつね』は文学的文章です」「車椅子は、大切に扱うべきです」というようなものです。

では、こちらはどうでしょうか。


（漢字を三つ書きなさいと指示した後に）

「『三つ』と言われたときに四つ以上書く子は、伸びる子です」


「AはBです」という話型で語られていますから、これも説明と言ってよいものでしょう。

しかし、従来教師が「説明」という言葉から想像してきたものとはずいぶんと違うようです。

それは、単に「AはBだ」というAについての情報を子どもたちに与える以上の意味が、とって読めるからではないでしょうか。

前者がまさに単なる説明として子どもに知識を伝達・蓄積することを目的としているのに対して、後者は子どもたちに成長への指針を与え、意欲を喚起させ、行動を引き出す説明になっています。

私が、教室における説明の意義を改めてとらえ直して提案したいと考えているのは、説明がこの「子どもたちに成長への指針を与え、意欲を喚起させ、行動を引き出す」上でとても重要だと考えるからです。

そして、本書で扱う説明は、この行動を引き出すことに主眼を置いたものです。

これが教室という場所、また教師と子どもという関係性からくる、特徴的な空間（環境）における「説明」のルールとなるのです。

3 説明は、うまくいっていない

このように教室における説明が、他の場所で行われる説明と比べ、異なった性質を持っていることや、特別な意義を持っていることを理解していただけたことでしょう。

ですから、教室では、それらをきっちりと伝える説明が必要になります。

では、教室における説明は、その意義や特質を十分に理解され、うまい説明になっているかといえば、実はそうではありません。

教師は、教室における説明の重要さや特質を十分に理解しています。ですから、「目的」「必然性」「規準」「意欲喚起」を不足なく伝えようとします。ところが、かえってこのことが教師の説明をダメにしているのです。

つまり、不足なく伝えようとする教師の努力によって、説明は、一般に「長い説明」「回りくどい説明」「わかりにくい説明」になってしまうのです。

そのため、教室における説明について、次のような言説が流布することになります。

「説明は、短かければ短いほどよい」

「説明は、少なければ少ないほどよい」

あるいは、**「説明は、ない方がよい」**とまで言う人もいます。

つまり、説明をすることそのものが、よくないことなのだというのです。

もちろん、説明は短い方がよいし、説明が少ない方がそれを聞いている子どものストレスは少ないでしょう。なぜなら、人は生来**聞く**（受信する）**より喋る**（発信する）**ほうが得意**だからです。

しかし、本当にそれでよいのでしょうか。先にも述べたように、特に幼い子どもには行動に向かう際の「目的」「必然性」「規準」「意欲喚起」が必要であり、それを理解させることが必要です。それこそが、教育そのものとも言えるでしょう。それなのに、聞くことが苦手だからと言って、その説明を省いていく……。これは、明らかに間違っています。

ですから私は、教室から「説明」をできるだけ排除するということには、反対です。

説明を排除することで安直に子どものストレスを取り去るのではなく、まずは教師の側が、教室における説明の意義と目的を十分に理解した上で、説明の質を高めることこそが重要です。

「説明がうまくいかない」→そこで「説明を排除する」→だから「説明でしか生まれない教育効果も得られない」という、負のサイクルを取り去りたいと考えています。

そして、そのことによって子どもが説明を聞くことを苦にしない、むしろ説明を喜んで聞く状況を生み出すべきだと考えるのです。

そうした考えのもと、「説明がうまくいく」→「子どもが行動を変える」→「子どもにとっても、教師にとっても説明の効果が見える」→「説明の素晴らしさを見直す」というサイクルを実現するため、本書では四つの「説明のルール」を提案します。

4 行動を引き出す説明のルール

本書で扱う「説明」のルールは、次の四つです。

Ⅰ 自己選択感から自発性を引き出す
Ⅱ 実感から納得を引き出す
Ⅲ 安心感から意欲を引き出す
Ⅳ 興味関心から積極性を引き出す

単に教育内容に関する情報を伝達するのではなく、行動を引き出すための説明のルールの提案です。

Ⅰ　自己選択感から自発性を引き出す

「指示されて行動する子」から「指示されなくても行動する子」へと子どもが変容するには、自発性が育たなければなりません。

簡単に言えば、自分で「よし、やってみよう」と思う心を育てるということです。

そうした心はどうしたら育つかといえば、自ら選択して行うことや、自ら選択して行ったことが順調に進むという経験を積み上げることです。

自分自身に置き換えてみればわかることですが、部屋の掃除をする際に、自分から掃除をしようと決めてしたときと、家族から「汚いからやりなさい」と言われてしたときでは、大きな違いがあるはずです。

たとえ同じ時間で、同じ程度部屋がきれいになったとしても違いがあるはずです。前者は、意欲的に掃除に取り組むことができるはずですし、後者だと掃除が義務でしかないため、そうはいきません。掃除そのものへの意欲は、大きく違います。

ですから、行動を引き出す際の「説明」のルールとして、**自己選択**をさせることはとても重要なのです。

Ⅱ 実感から納得を引き出す

子どもが、自ら行動を起こす動機として重要なのは、**納得**です。

前述の通り、人間は理由や理屈がわかっている方が行動を起こしやすいものです。納得できないことは、素直に従うことができないし、意欲的に行動もできないでしょう。

例えば、家族から「このショートケーキ捨ててくれる？」とだけ頼まれても、あなたはにわかには納得できないので、すぐには従えないでしょう。それでも強く依頼されれば捨てるかもしれませんが、頭の中には「なぜこんなにおいしそうなものを捨てなくちゃいけないんだ？」という疑問が沸いてくるはずです。

ところが、ケーキを目の前に差し出され、「これ二週間も冷蔵庫に入りっぱなしだったの……」と説明されれば、あなたは間違いなく「すぐに捨てよう！」と自ら提案し、それを持ってゴミ箱へと向かいさえするでしょう。

それは、過去の経験として、もしくは似たような経験から**実感**の伴うものとして、その説明から納得を得るからなのです。

Ⅲ　安心感から意欲を引き出す

人間が意欲的になるには、**精神的安定（安心）**が必要です。逆に、精神的に安定していないと、意欲的になれないので、本来持っている力を十分に発揮することができません。それは子どもならなおさらです。

例えば、荒れた学級では子どもたちの発言が極端に少なくなります。なぜか。端的に言うと教室に安心感がないからです。

自分が発言しようと思った瞬間に、自分の発言をからかうクラスメイトの姿が浮かんだら、誰が発言するでしょうか。

子どもの意欲を引き出し、望ましい行動を引き出すためには、安心を与える教師からの説明、教室全体を温かい雰囲気にする教師の説明が必要です。

教師からの「後押し」「推奨」「失敗の容認」「行動への承認」が約束されていれば、子どもは意気揚々と行動を起こすに違いありません。

Ⅳ 興味関心から積極性を引き出す

「思わず行動してしまった」

「先生の話を聞いていたら俄然意欲が湧いてきた」

こうした言葉が引き出せたら、それは説明の効果大と言えるでしょう。

子どもが一人では決して「やってみたい！」とは思わない内容を、教師の説明によって「ぜひ、やってみたい！」に変化させるのが、「あっ」と驚かせる、**興味・関心を抱かせる**説明です。

この説明は、やや飛び道具的なものと感じられるかもしれません。

ときどき、「つまらない話も聞けるような子どもに育てなければならなければならない」と言う教師がいます。しかし子どもは、つまらない話はなかなか聞いてくれないのです。話を聞ける子どもを育てるには、やはり、興味・関心の持てる話から始めていくほかないでしょう。

また、ときにつまらない話「も」聞かせるのと、つまらない話「しか」できないのとでは、根本的に大きな違いがあります。

すぐれた教師は、楽しい話や話し方によって、子どもの**よい聞き方**を引き出しながら、最終的にい**ろいろな話が聞ける**ように育てていくものです。

5　教師の求める子ども像と説明

教師はいったいどのような子どもを育てようと考えているでしょうか。

常に教師に指示されてからようやく行動するというような子どもを育てようとは考えていないはずです。

当然、その場の状況に合わせ、「自ら考え行動する子ども」を育てたいと願っています。それは少なくない数の学校において、「自ら考え……」が研究主題になっていることからも明らかでしょう。

しかし、そのような子どもを育てるのは容易ではありません。なぜなら、どのようなアプローチをすればそうした子どもを育てることができるのかが、はっきりしないからです。

そこで私は、「自ら考え行動する子」を育成するには、説明をこそ研究すべきだと主張します。なぜなら、説明が「指示によって行動する子」から、**「指示なしで行動する子」への橋渡し的指導**として重要だと考えるからです。

図にあるとおり、指導の初期段階においては、子どもは教師の指示に従って行動します。現場の教師なら実感しているとおり、こうしたことも決して簡単ではありません。

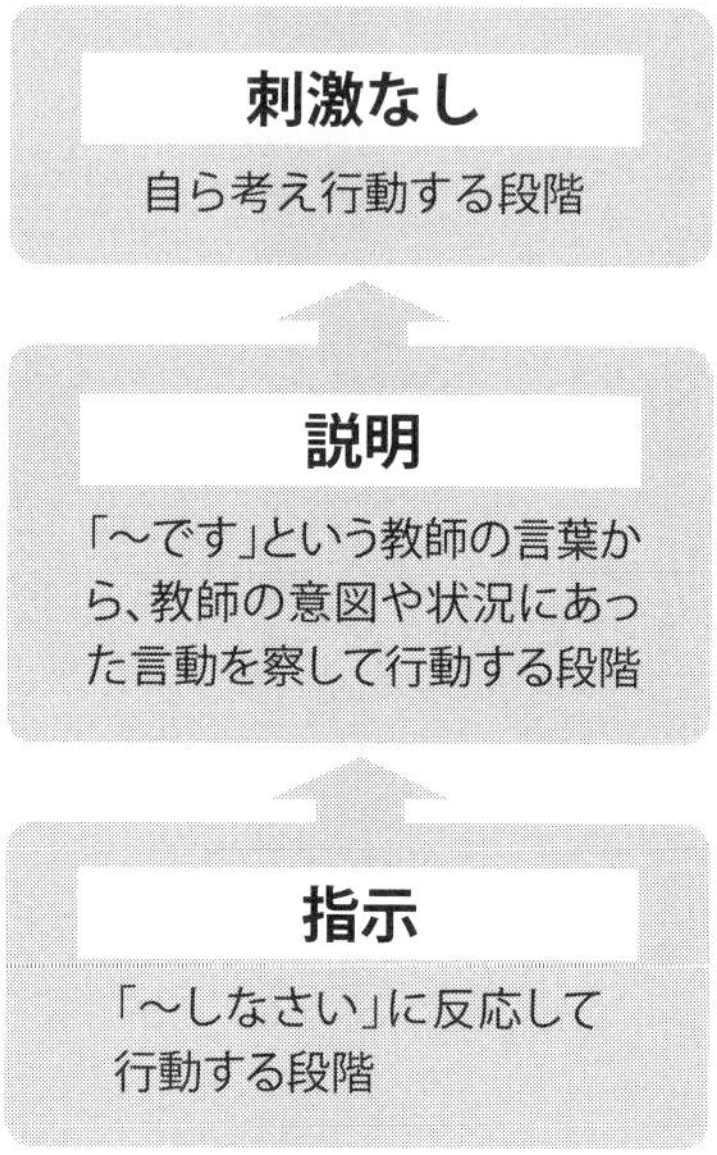
刺激なし
自ら考え行動する段階
説明
「〜です」という教師の言葉から、教師の意図や状況にあった言動を察して行動する段階
指示
「〜しなさい」に反応して行動する段階

指示して、モデルを見せ、やって見せ、さらにはやらせてみて、褒めてあげないと子どもは指示にさえ従えない子どもになってしまいます。

しかし、そうした指示に従って行動する子どもを育てたところで、満足していてはいけません。私たち教師は、次の段階を目指すべきです。

つまり、指示がなくても行動できる子どもを育てることを目指さなければなりません。なぜなら、私たちは指示に対して従順に従うだけの人間を育てようとしているわけではないからです。自ら考え判断して行動を起こす。そんな子どもになって欲しいと望んでいるからです。

そのためには、**指示ではなく、**できるだけ**「目的」「必然性」「規準」「意欲喚起」**を含んだ**説明**を心がけるのです。

そして、子どもが行動することを待ちます。さらに、この指示のない説明だけで行動する子どもがいたら、すかさず褒めるのです。

これは、教師がなにも指示しなくても、また説明をしなくても行動をする子が現れるようにするための布石でもあります。

例えば、その一つは、「上回る行動を求める」ということです。教師が指示したり、説明したりしたこと以上になにかをするようなことを暗示的に奨励するということです。教師が「漢字を三つ書きなさい」と指示したら五つ書いたというような、一つでも二つでも上回るような行動を目ざとく見つけ、全体の前で取り上げるということです。

さらには、なにも言っていないのに行動した子を、取り立てて全体の前で評価していくということです。

そうしたことを丹念に続けていくことで、子どもは「自ら考え判断して行動する子」へと育っていきます。

こうしたプロセスから、教師の説明が、単に「わかりやすく話す」という程度のことではなく、教室においては非常に重要な営みであることを理解いただけるでしょう。とくに、「橋渡し的指導」として「説明」が、かなり**積極的な教育的アプローチ**であることを理解いただけたはずです。

「自ら考え判断して行動する子」を育てられるかどうかは、教師の説明次第で決まる。

そして、教室における説明は、説明なしで行動できるようにするための指導であるということを、本書を読み進めていただければ、さらに納得いただけるものと考えています。

つまり、本書は「説明」の本ではありますが、「説明」の必要がなくなるための本でもあるのです。

コラム 1

落語調で

　説明を学ぶ際、日本の話芸はさまざまな点でたいへん参考になります。

　例えば講談と落語は一人で行う話芸ですから、双方とも教師に多くの示唆を与えてくれます。ところが詳しく見てみると、そこにはたくさんの違いがあります。

　その中でも一番の違いは、講談が間接話法を用いた説明調であるのに対して、落語が直接話法で語られるという点です。

　私は常々、教師は落語に親しむべきだと考えていて、多くの先生方に鑑賞することを勧めてきました。またできれば「寿限無」や「平林」などの簡単な話を一席マスターするとよいとも考えています。

　それは、落語特有の直接話法が肉体化されるからです。この直接話法を身につけることによって、教師の話し方はぐっと変わります。直接話法で話すと、話に臨場感が生まれるからです。

　例えば、こんなふうに変化します。

Before ——
「校長先生が４年３組の絵が上手だとほめてくれましたよ」

After ——
「今日、校長先生がこうおっしゃっていました。…（少しの間）…『山田先生、先生のクラスの絵は上手だねえ』。だから先生はこう言ったんです。…（少しの間）…『校長先生、上手いのは絵だけじゃないんですよ』って」

第2章
I

自己選択感から自発性を引き出す説明

I
1

二者択一

新年度が始まり、新一年生が入学してきた。学級の子どもたちに、一年生に親切にすることを指導したい。そんなときのあなたの言葉は次のうちのどっち？

A

一年生から「優しいから大好き！」って言われる六年生と、一年生がそばに一人も寄ってこない六年生がいるんです。

B

一年生には優しい言葉遣いで接するようにしましょう。親切にしてあげられる子はいい子です。

解説

二つ並べて比較させる

望ましい行動や態度を子どもたちから引き出したいときは、そのよさがわかる簡単な実例を二つ並べて説明する。こうすることで、子どもたちは教師からのプレッシャーや「やらされ感」を過度に持たずに、よい行動や態度を選ぶことができる。

望ましい行動や態度を子どもたちから引き出すため、教師は、日常的に「○○しなさい」や「○○できる子はいい子です」と指示したり、激励したりを繰り返している。しかし、そうした指示や激励が過ぎると、子どもたちは「口うるさい」「シンドイなあ」と感じるようである。教師の指導が、そのように受け取られる状況は残念だ。

効果

自己選択できるように

こうした説明をした場合、行動や態度について直接指示した場合より、子どもの自発的行動を引き出しやすい。つまり、「言われたからやろう」ではなく、「二つの行動を比べれば、こちらをやりたい」という子どもの意欲を引き出しやすいということである。

また、自己選択を促し、自らがその行動・態度を自分で選んだのだと自覚することは、行動した結果への満足感にもつながりやすい。こうした指導の連続が、やがてある事柄に対する子どもたち自身の自己内対話を引き出すことにもなる。つまり、「Aするのと Bするのとでは、どちらにより価値があるか」と自問する子を育てることにつながるのである。

I
2

同意を取り付けながら話す

家庭学習に取り組ませたい、そんなときのあなたの言葉は次のうちのどっち？

A

わかるようになるのは楽しいですよね。だけど、テストの前になって、一気に勉強するのはなかなかたいへんですね。そこで、毎日の小さな努力で……。

B

勉強はわかると楽しいから、家庭学習に取り組むといいね！

解説

納得から行動につなげる

実行すればその効果は確かなんだけど、なかなかやる気にならない。こうした感情は、大人も子どもも同じ。そんなときは、細かな条件や行動に至るまでのステップを細切れにして、その一つひとつに同意を取り付けながら話を進めるとよい。いきなり行動やゴールだけ示されると納得しづらいことも、細切れにすると、その一つひとつは納得しやすい。

「これは、こうだよね」（うん、そうそう）「これも、こうでしょう」（うん、そうそう）「だから、こうするのがいいことなんだよ」（なるほど！）というふうに話を進める。また、この手法は最初の一つ目が肝心。一つ目が納得できれば、その後も受け容れやすくなる。

効果

前向きな態度を引き出す

効果の一つは、前向きな態度を引き出せるということ。教師の説明の一つひとつを納得しながら聞いているので、最終ゴールである教師が薦めたい行動に対しても、「なるほど！　やってみよう」という気持ちになりやすいのだ。

また、同時にこうした説明を繰り返していくと教室に変化が起きる。子どもたちが、「うん、そうそう」や「たしかに」というような肯定的反応を示してくれるようになるのだ。

そうなるとしめたもの。個々人の納得以上の効果が表れてきている証拠。前向きで明るい学級風土ができているということだ。

I
3

「もし、それが君なら……」

靴隠しのいたずらがあった。二度とこんなことが起きないように指導したい。そんなときのあなたの言葉は次のうちのどっち？

A

靴を隠すなんて、とても卑怯なやり方です。人間としてやってはいけないことです。

B

靴を隠された人はどんな気持ちなんだろう。想像してみましょう。「さあ、今日もがんばるぞ。大好きな図工もあるし、昨日あった楽しいことも先生に早く聞いてもらいたいし。そうして学校に来たら、ぼくの靴がない……。それがもしあなたに起きたことなら……」

解説

当事者意識を引き出す

重大な事件が学級で起こる。そうしたときには、当事者意識を引き出せるような「あなた」主語の説明をする。生徒指導上、きっちりと指導しなきゃならないというとき、教師はすぐに行為自体を禁止しようとする。もちろん、それは必要だ。しかし、禁止だけで終わってはいないだろうか。

もっとも重要なことは、事件に直接関わった子どもに被害者の心情を理解させること。そして、関わりのなかった子どもたちにも、そのことを理解させ、予防的指導を行うということである。

効果

相手の気持ちを想像できるように

もっとも大きな効果は、相手の気持ちを考えられる子を育てられるということである。行為だけを禁止されると、その行為がいけないことはわかるが、違う場面では、別の事柄として受け止められることがある。しかし、被害にあった子どもの心情に気づかせることができれば、より広範な望ましくない行為を予防することができる。

しかし一方で、一部の子どもたちの中には、はっきりとした禁止の方がわかりやすいこともある。例えば、「これはされた人がイヤな気持ちになります。だから、絶対にしてはいけないことです」という説明の方がよい場合もある。子どもの性質に合わせて選択する。

I
4

「問い」から始める

学芸発表会練習の雰囲気がゆるんでいるので立て直したい。
そんなときのあなたの言葉は次のうちのどっち？

A

お客さんは何を見に来ると思う？　演技のうまさだろうか。歌のうまさだろうか。演奏のうまさだろうか……。先生は違うと思います。

B

あと十日しかないんだぞ、気合を入れて練習しようよ！

解説

自ら問い直させる

子どもたちがだれている、こうした状況は教師なら必ず行き当たる場面だ。そうしたときは、毅然と、しかし穏やかな調子で「問う」ことからはじめる。

教師は、子どものだれている状況を見ると、ついついその行為自体を強く戒めようとする。もちろん、そうした指導が必要なときもある。その方が効果が上がることもある。しかし、繰り返すと、子どもは教師の前ではきちんとするが、そうでないときにはスイッチが入らないという状態になる。教師が問うことをきっかけにして、子どもが自律的によい行為を選択できるよう仕向けることが大切だ。

効果

行為決定の習慣へ

説明の冒頭で教師に問われると、子どもは自分のしてしまった行為について考え直すことになる。特に強い叱責ではなく、穏やかな問いである場合はなおさらだ。

強く叱責された場合、子どもはその行為を止めること自体に意識が集中する。一方、穏やかに問われた場合は、考えるようになる。その行為がなぜいけなかったのか。そのタイミング、場所に、なぜその行為がそぐわなかったのか。次にはどうしなければならないのか。自問し、自分で修正するという習慣をつけることで、よい行為を長続きさせ、教師がいない場面でも、自律的によい行為をとれるようにすることができる。

Ⅰ
5

「もしかしたら……」

休み時間になった途端教室から飛び出していく子がいる。危ないのでやめさせたい。
そんなときのあなたの言葉は次のうちのどっち？

A

すぐに教室から飛び出してはいけません！　危ないでしょう。

B

あなたが教室から飛び出します。そのとき、もしかしたら、授業を終えた小さな一年生がちょうど教室の戸口を通りかかるかもしれません。

解説

もしかしたら……で危険予測させる

子どもたちの行動が、一つ間違えると大きなケガにつながったり、事件になったりしそうなとき。考えられるさまざまなよくない結果を示して説明するようにする。

子どもの望ましくない行為に対しては、まずは禁止することが頭に浮かぶ。もちろん、命に関わるような行為は、その場で、まずは大きな声を出してでも止める必要がある。

しかし、実際にはそれだけでは不十分だ。なぜそれをしてはいけないのかを理解させて初めて指導は完結したと言える。

効果

結果を予測できる子に

子どもには経験が足りない。だから、自分の行為に対してどのような結果が待ち受けているのか、思いが至らないのは当たり前。学校で起きる怪我。また、他の子を傷つけたというような事例の多くは、このことが原因で起きている。

そうした前提を踏まえ、教師がするべきことは、子どもの行為に対して考え得る結果をリアルに示してあげることだ。こうすることで、自分がなにかをするときに、「ちょっとまてよ……」「ひょっとしたら……」と考える、結果を予測ができる子を育てることができるのだ。

I
6

「そもそも〜」

ドッチボールのチーム決めで、紛糾。この話し合いを整理したい。
そんなときのあなたの言葉は次のうちのどっち?

A

公平にチームを決めることが大事だから、ジャンケンがいいのです。

B

そもそもこのドッチボールは、なんのためにするのか考えてみることが大事です。

解説

「そもそも～」で、活動や話し合いの本質に迫らせる

子どもたちの話し合いが紛糾する。学級ではよくあることだ。時にはその話し合いが、単なる言い合いになり、トラブルに発展し、遺恨となったりもする。そうなる前に、「そもそも、○○はなんのためなのかを考えてみることが大事です」とさらに高度な視点から物事を考えるように促す。

もちろん、子どもが解決できないような問題や思い至らないような事態には、教師が「こうすべきである」という判断をした方がよい。しかし、少しがんばらせれば解決できそうな問題に対しては、「そもそも思考」を促すのだ。

効果

自分たちで、逸れないようにする

まず、話し合いの最初に「これは、○○のためにする話し合いです。この話し合いが終わったあとには、□□となっていれば成功です」と活動の目的や最終イメージを共有させるようにする。

次に、それでも活動の本筋からそれた場合には「そもそも～」という説明をする。

これで、子どもたちは高度な視点を持って話し合いに取り組めるようになる上に、自分たちでも「そもそも～」思考をして、活動や話し合いが本筋から逸れないように気をつけることができるようになる。

I
7

ちょっとだけ自尊心をくすぐる

計算問題をさせていた。ぴーんとした集中とスピードアップがいまひとつ得られず、なんとかしたい。そんなときのあなたの言葉は次のうちのどっち？

A

時間は２分です。ちなみに去年の６年生は45秒でできました。

B

時間は２分です。できるだけ早く計算しましょう。

解説

自尊心をくすぐる

子どもの活動をスピードアップさせ、密度を濃くしたい。そんなときは、さりげなく前例を伝えてみる。例えば、「以前、先生が受け持っていた子どもの中に……」「去年の６年生は……」というように。

もちろん、時間制限を設けるだけでも悪くはない。時間内にやろうという気持ちを高めたり、達成の目安を持たせることは効果がある。

しかし、「時間内にやろう」より、「ようし、前例を越えてやるぞ」と思わせる方が、子どもたちはより意欲的になり、教室は活気あるものになっていく。

効果

チャレンジ精神から前向きな姿勢を

こうした説明をすることで、子どもの挑戦しようという意欲を高めることができる。子どもは前例を示すと、「先生、それより速くできたらすごいですか？」のようにすぐに質問してくる。

こうした質問には笑顔で、「もちろん、すごいです」と答えて、さらに意欲を高めるようにする。

そして、前例より速くできたときは最大の賛辞を、失敗したときは励ましを、忘れずにする。

こうしたことを何度も繰り返すことで、何事にも挑戦しようとする前向きな子どもを育てることができる。

I 8

わざと否定したくなるように

今学期最初の理科実験。実験用具を大切に扱う説明をするのだから、集中して聞いて欲しい。そんなときのあなたの言葉は次のうちのどっち？

A 試験管は、指にはめて持ち歩きます。

B 試験管はたいへん割れやすいので、両手で持ちましょう。

解説

否定したくなる説明で念押しの指導

当然のルールやマナー。そうしたことを念押しで教えなければならないときがある。そういうときに、あえて間違った方法を説明してみる。すると、子どもたちは逆に自分たちで正論を主張することになる。

右ページの例なら、教師の説明のあと、子どもたちはすかさず「先生、そんなことしたら落ちたり、ぶつかったりします！」と否定してくれる。

方法を教えなければいけない初回の指導にはBのような説明。以前教えた事柄をもう一度確認したいときはAを。

効果

話を聞くのが好きな子に

ときにこうした説明をすると、注意深く聞く子を育てることができる。先生は、なにか間違ったことを言うかもしれないぞと思わせる。そうした意識を持たせることで、細かいところにまで注意を払って聞く子になっていくのだ。

さらに、こうした説明をすると教室が楽しい雰囲気に包まれる。そのため、教師の説明が心待ちにされる状況を生み出すことができる。

教師が、ちょっとおかしなこと（楽しいこと）を言うかもしれないという期待感を、子どもに持たせることは、人の話を聞くことを好きにさせるということなのだ。

I
9

膨大な褒め言葉のあとに……

運動会の練習。行進をもう一歩かっこいいものにしたい。
そんなときのあなたの言葉は次のうちのどっち？

A

たいへん上手になってきました。次は、中指を長くするようにしてみましょう。それと、背中もピンと伸ばしてみましょう。

B

背中がピンとしてきました。まっすぐ前を向いていました。胸をはって行進してもいました。一番いいのは膝が高く上がっていること。そこで、次は……。

解説

たくさん褒めて、改善点をちょっぴり

一つの活動の中に、たくさんの注意点がある場合。例えば、学芸発表会の表現活動、運動会の行進、合唱指導など。こうした指導のときには、とにかくよいところを見つけ、そのよいことをたくさん指摘し、褒めることだ。その上で、ほんのちょっぴりの改善点を示そう。

たくさんの指導事項がある場合、教師はついついそのすべてを一気に言おうとする傾向がある。すべてを伝えておいて、まだできていないところを指摘しようとする。つまり減点法の指導である。この方法をとると、たとえ活動自体には上達が見られても、子どものテンションは下がり、意欲は減退していく。

効果

素直な心を持った子に

「心のコップを上向きに」という言葉が教育界にはある。素直な心で聞くと、アドバイスすべてが身になるという意味の警句だ。

素直に聞くのはもちろん子どもだが、素直な心を育てるのは教師の仕事である。では、素直な心は、どのようにして育つのか。素直に聞くといいことがあるということを、子どもたちが体験的に了解したとき、それは育つ。

教師の説明を聞き、行動を改める。行動を改めたことによって、褒めてもらえる。だから、さらに次に示される改善点も素直に聞こうとする。こうしたサイクルをつくればいいのだ。

I
10

限定して話す

遠足で目的地に着いて、さあお弁当。たくさん言っておかなくちゃいけないことがある。そんなときのあなたの言葉は次のうちのどっち？

A
三つ話します。

B
大事なことを一つだけ話します。

解説

限定して強く印象づける

子どもが次の活動を楽しみにしているとき、その直前の説明は短ければ短いほどいい。子どもの本音を言えば、「先生、早く次の活動をさせてください」ということなのだ。「三つ話します」という切り出し方も、見通しを持って聞けるので悪くはない。しかし、やはり一つに限定して聴かせる方が、その説明が強く印象づけられ、忘れづらい。

また、説明事項の数が多ければ多いほど、一つひとつの事柄の重要度は低く感じられる。一方、「一つだけ～」と前置きされると、その内容はよほど重要だと感じられる。

効果

トラブルの減少にも

子どもたちが浮ついた気持ちで活動すると、危険だったり、トラブルが起きたりする。だから、留意事項はしっかりと伝えなければならない。しかし、長すぎる説明の場合、子どもたちはやはり途中で聞けなくなり、教師は叱責の一つもするだろう。それは避けたいものだ。そのためには、まず短い説明を心がける。すると、子どもたちは気分よく次の活動に向かえるので、無用なトラブルも自然と起きにくくなる。危険行動を気にして漏れのないよう長い説明をするよりも、かえって効果的なのだ。

I
11

「できなくてもいいですが……」

体育のマット運動で、新しい技を導入する。その技に意欲的に取り組ませたい。
そんなときのあなたの言葉は次のうちのどっち？

A

この技は、と〜っても難しいので、できなくてもいいですが……。

B

この技は難しいです。やり方を説明します。

解説

できたときの喜びを高める演出

今までに取り組んだことのない、ちょっぴり難しい課題に取り組ませるときには、「難しいので、できなくてもいいですが……」と前置きしてから、新しい課題の説明をする。決して事務的に「次の課題は、これです」なんて、淡々と進めてはいけない。

子どもは、もともと自分を高めたい、難しいことに挑戦して、それができるようになりたいと願っている。その気持ちを高めておいて、できたときの喜びも、うんと高めてあげるような演出が必要なのだ。

効果

意欲的な子に

子どもは、「難しいので、できなくてもいいですが……」と言われると、かえって課題に挑む意欲を高める。逆に「簡単ですからやってみなさい」と言われると、「やってみたい」という気持ちが萎えてしまうようである。

また、前者と後者では、できたときの高揚感がまったく違う。前者は、「難しいけどできた。自分もやればできるじゃないか！」であり、後者は「簡単だから、わたしにもできて当たり前」である。

どちらが、意欲的な子どもを育てるかは、明らかだ。

コラム 2

話術は“間”術（まじゅつ）

「よい話し手は、よい“間”で話している」というのは、だれもが納得するところでしょう。

適切な間をとってもらえると、話される内容一つひとつについて考え、納得する時間があるので、たいへん聞きやすいものです。

逆に、間のない話は聞き手に考える間を与えず、一方的に耳から情報を流し込んでしまうため、理解しにくい上に聞いていて疲れます。

もちろん教室で話すときも、この適切な間を取りながら話をすることが大切です。

ところが、その「適切な間」というのがなかなか難しい。

「どのタイミングで？」「どれくらい？」といった疑問が頭をぐるぐるしてきます。

そこで、こんなふうにしてはいかがでしょう。

まず、話し始めは後ろの方にいる子誰か一人をターゲットとして「○○は□□ですよねえ」と話しかけます。

その子が頷いてくれたら、前の方にいる別の子に向け、話をします。さらにその子が頷いてくれたら、また別の子に向けて話をする……。

こうすると、相手の納得を確認しながら話をすることになります。

つまりは、それが「適切な間」となるわけです。

第2章

II

実感から納得を引き出す説明

II
1

○○いくつ分

平城京の面積二五平方キロメートル。この広さを実感させたい。
そんなときのあなたの言葉は次のうちのどっち？

A

グラウンドの面積、三五個分です。

B

東京ドームの面積、五個分です。

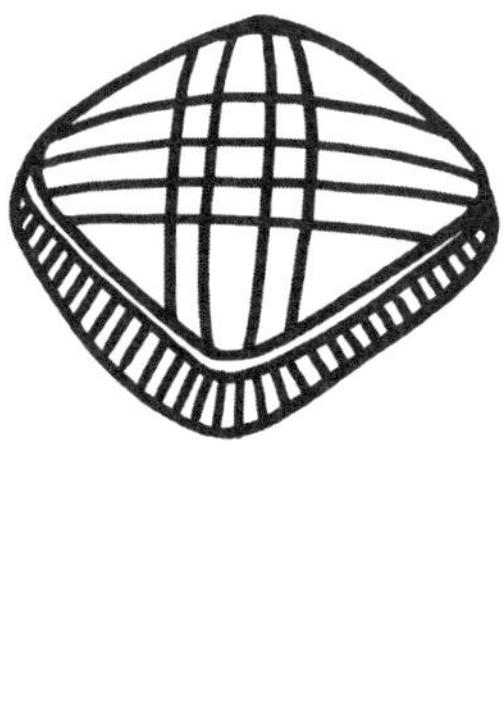

解説

実感のある数字で見えるようにする

大きさ、広さ、かさなどを、実感させたいときがある。そんなときの説明には、「○○でいくつ分」という表現を使うとよい。

一般に数字を入れた説明は、具体的で説得力があると言われる。しかしそれは、「○○でいくつ分」の「○○」が、子どもたちの実感を伴って理解されるときに限定される。

いくら数字を入れているからといっても、子どもたちの日常生活から縁遠い「東京ドームの面積いくつ分」や「富士山の高さいくつ分」では伝わりにくい。

効果

自分でも使いこなせるようになる

教師が、日常的に「一日あたりにすると五〇人」「高さは東京タワー四本分」「距離は地球一五周分」という言い方を多用すると、いずれ子どもから尋ねてくるようになる。「先生、その数字って、もっとわかりやすく言うとどうなりますか」というように。

最初のうちは、「そうだなあ、○○の○個分かな」と答える。次の段階では「そうだなあ、グラウンドの面積が約七二〇〇平方メートルだから、計算してみてごらん」と促す。

最終的には、こうしたやりとりが布石となって、子どもたち自身が、発表や総合でのプレゼンのような場面で、「いくつ分」を使いこなせるようになってくる。

Ⅱ 2

見えるゴール

学級開き。担任としての方針を示し、明日からの生活へと意欲的に向かわせたい。
そんなときのあなたの言葉は次のうちのどっち？

A

楽しく、安心して生活できるクラスをつくっていきましょう。誰とでも遊べる。そして、誰もが誰からも傷つけられない、そんなクラスです。

B

この間の卒業式を思い出しましょう。あの卒業生たちの、姿勢を、歩き方を、そして、張り詰めた雰囲気を、まっすぐ前を見ていたあの視線を……。一年後あなた方があの席にいます。

解説

見える長期目標を示す

学級開きでは、印象に残り、子どもたちの意欲を高め、明日からの行動につなげられるような話がしたい。そんなときは、二つのことに気をつけて話をする。

ひとつは、子どもたちに見える（具体的にイメージできる）ような話をすること。学級開きの話は、「楽しく」「仲良く」「努力」「協力」のように、とかく抽象的な言葉が並びがちだ。子どもたちが目にしたもの、目にしているものから話材を選びたい。

もうひとつ重要なことは、ここ一ヶ月の方向ではなく、一年後にどんな子どもたちになっていて欲しいのかという長期の目標（ゴール）を示すことだ。

効果

わかりやすいから、行動を変える

見えないものを目標にして行動を変えることは難しい。跳び箱や鉄棒、マット運動などは言って聞かせてくれ、やって見せてくれるから、真似することもできる。

特に見せてもらえたものは、それと同じように真似すればいいので、追体験しやすい。つまり、行動に反映しやすいのだ。

同様に、目に見える目標はわかりやすい。どのように変化させればいいのかが具体的にわかるからだ。これが、行動を変える根本原理となる。

見える目標を示すことによって、子どもたちは自らの行動を変えようとするのだ。

Ⅱ
3

体感を伴わせる

廊下を走る子が多く、やめさせたい。そんなときのあなたの言葉は次のうちのどっち？

A

廊下を走る人がたいへん多いです。特に、廊下の曲がり角でぶつかると大けがにつながります。

B

以前、こんなことがありました。廊下の曲がり角で両側から息を切らしながら、走って来た二人。ドーンとぶつかって、片方の子の前歯が、もう片方の子のまぶたに当たって……。

解説

リアルに痛みを感じさせる

大きな事件や事故につながるような危険な行為。そうした行為は絶対にやめさせなければならない。その指導には、皮膚感覚に訴える、痛みを感じるような説明が有効である。

絶対にやめさせなければならないという指導をする場合、教師はついつい語気を強めたり、ストレートに「危険だからやめなさい」と言いがちだ。しかし、そうしたストレートな指導は繰り返すうちにかえってインパクトが弱くなってしまい、効果が薄くなる。また、単純な注意では、頭でわからせることはできても、実感を伴って感じさせることは難しい。

効果

体感を伴うから判断ができる

「ケガをするからやめなさい」という注意のされ方では、その行為がいけないことだとはわかっても、なぜいけないのかまでは思い至らない。だからすぐに忘れてしまい、違う場面や状況では、危険な行為を繰り返してしまうことになる。

しかし、「危険な行為をすると、こんな痛いことになるよ」という結果や禁止の理由を子どもに体感させることができれば、子どもは自分の意志で、危険行為を止めるようになる。

なぜなら、体感は、単なる耳からの禁止や注意情報よりも、心の底からの理解を引き出しやすいからだ。

Ⅱ
4

プラス要素に実名を入れて

毛筆の指導では、筆のよい持ち方やよい姿勢についてなど、たくさんの指導事項がある。
そんなとき、あなたは次のうちのどっちの言葉を使う？

A

まず第一に、筆の持ち方です。筆はピンと立てて持ちます。次に姿勢ですが……。

B

ナミさんの筆、すごいねえ。天井に刺さるくらい、まっすぐです。

解説

一事項、一児童の呼名

一つの活動の中に、たくさんの注意事項や指導事項があるときは、まず、どれかができている子を見つける。そして、一事項につき一人の名前を入れながら説明をしていく。

Aの説明のように、一事項ずつ、細分化して説明する方法は決して悪いやり方ではない。子どもたちには、むしろわかりやすい説明と言ってよい。

しかし、この説明の難点は、下位項目、あとの項目にいけばいくほど、子どもたちの集中度が下がるということだ。

その点、一人ひとりの名前を呼びながら説明すると、集中が途切れにくい。

効果

もっとよくなろうとする意欲を引き出す

この説明のよさは、なんと言っても呼名された子ども以外の子も集中を続ける点にある。自分も名前を呼んで欲しいと願うからだ。だから、教師は注意深く、一つの説明をしたあと、子どもたちを観察する必要がある。そして、「○○くんも、いいね」とプラスの評価をしていく。その上で、およそ全員に定着した段階で、次の言葉かけをする。

「○○さんは、筆が立っているだけでなく。姿勢も美しいね」

こう話すことで、子どもたちは、教師が説明していない点について、もっと他にもよくできる点はないかと、考えるようになるのだ。

II
5

「こんな人が、よくいます」

彫刻刀を使うときに、刃の前に手を置かないように指導したい。
そんなときのあなたの言葉は次のうちのどっち？

A

一番気をつけなければならないのは、彫刻刀の刃より前に手を置いてはいけないということです。なぜなら……。

B

こんな人が、よくいます。君たちと同じ五年生で、彫刻刀を使う授業をした時、手を刃の前に置いていて……。

解説

「こんな人が、よくいます」で、注意を喚起

さまざまな活動の中で、絶対に気をつけさせたい事項がある。例えばうっかり誤ると重大な怪我や事故につながるような場合だ。

そういう時の説明は、「こんな人が、よくいます」で話し始める。その後、どんな人なのかを明かしながら、事例を語る。「こんな人」が、自分自身とよく似た年齢、状況であれば、なおのことよい。「君たちと同じ五年生なんだけど……」「君たちと同じように、鉄棒をやろうとしていた子なんだけど……」といった語り口が有効だ。「自分にも同じことが起こるかもしれない」と思わせることができるからだ。

効果

聞く意欲を高め、注意を長く保持できる

この説明は、特に事前の指導に効果がある。

ことが起きてしまったら、まず止めることが優先される。しかし、事前指導では、インパクトを与え、その後、どれだけ長く注意事項を保持できるかが重要。この説明は、「こんな人」ってどんな人だろう……？　と思わず耳を傾けさせてしまう上に、「自分も十分気をつけなければ」と注意喚起もすることができる。

いくら重要な注意事項であっても、淡々と話されたのでは、聞く気が起きない上に、頭にも残らない。

Ⅱ
6

経験を実感として

遠足で、お弁当を忘れてきた子におかずを分けてくれた子の行動を評価したい。さらに、学級みんなに伝え、広めたい。そんなときのあなたの言葉は次のうちのどっち？

A

先生ね、中学生の時に、お弁当忘れちゃったことがあるんだよ。そのとき担任の先生が、弁当を半分にして、割り箸も半分に折ってくれて嬉しくってね。今でも忘れないんだ。

B

ツキミさんを見て。ナツコさんにお弁当をあげてるよ。親切だねえ。

解説

教師のオリジナルな経験で価値を伝える

クラスの子がした善行について、まず本人を評価する。それと同時に、その善行を価値付けし、周囲の子にも伝え、広めたい。

そんなときは、「してもらった側」の感情を、教師自身の経験をもとに語ることから始める。

つまり、親切な行為なら、親切にしてもらった側の感じ方を、他人を励ます言葉なら、励ましてもらった側のうれしさを語る、といった具合に。

まったく同じ経験が教師にあれば、そのエピソードを話せばいい。また、そうした経験がなくても、似た経験なら最後に「これ、いま起きたことと同じでしょう」と説明すればよい。

効果

善行を見つけられる子に

善行が、子どもたちの間でただの行いとして、「流れて」いってしまうことが多い。「ありがとう」と言えないばかりでなく、最近は善行そのものの価値にも気づけない子もいる。そこで、教師が「してもらった側」のエピソードを通して、その「行い」を「善行」と価値付けするようにする。

こうすることで、子どもたちは人からしてもらう「行い」に対して、敏感に反応するようになる。「善行」を善行として教える指導も、また教師の仕事なのだ。

Ⅱ
7

「三回言います」

明日、必ず持って来て欲しいものがある。絶対、忘れてこないようにさせたい。そんなときのあなたの言葉は次のうちのどっち？

A

明日の図工の時間。カッターを忘れずに持ってきましょう。ノートに書いておきましょう。

B

大事な連絡です。二回は言いません。三回言います。カッター!! カッター!! カッター!! カッター!!

解説

繰り返して定着させる

どうしても忘れさせたくない。念を押してしっかりと覚えさせたい。そんなときには、このフレーズを使う。

忘れさせたくないときには、ノートにメモさせることが有効。学習内容の場合は、とくにそう。何度も聞かせ、言わせ、書かせることが有効である。

しかし、日常から、連絡ノートやメモ帳に書かせる習慣がないクラスでは、これが効かない。ノートやメモを見ること自体を忘れてしまうからだ。

そこで、繰り返し聞かせて定着させることをねらう。

効果

ユーモアで、うっとうしさを回避する

通常、覚えるためには、繰り返すことが大事だといわれる。しかし、同じことを何度も繰り返し言われると、言われる度に注意喚起度は低くなる。教師なら実感できるはずだ。つまり、言われれば言われるほど、当たり前になってしまって、かえって重要には感じなくなったり、うっとうしく感じてしまったりするということだ。

しかし、かと言って繰り返さなければ定着しない。問題なのは、その繰り返し方である。ここで取り上げた説明は、ユーモラスな感じを与えることによって、注意喚起度を高めることができるというものである。

II 8

「最悪の事態は……」

水彩画の指導中、床に水がこぼれていた。水をこぼさないように、またこぼしてしまったらすぐに拭くように指導したい。そんなときのあなたの言葉は次のうちのどっち？

A

あそこの床の上に水がこぼれていますね。床に水があると、滑って転びます。最悪の事態は、その先のコートかけに……。

B

床に水がこぼれていますね。滑って転んだら危ないです。すぐに拭きなさい。

解説

「最悪の事態」を示し、子どもにも話させる

早急の対応が必要な場合、すぐに子どもたちの行為を禁止したり、あるいは行動を促したりしなければならない。つまり、Bのような説明や指示が必要となる。しかし、すぐに危険が子どもたちに及ばないと考えられる場合には、Aのような最悪の事態を想定させるという指導をするのも効果的だ。

そして、「最悪の事態」を一つだけ説明したあとに、「他にはどんなことが起こりそう?」と、子どもにも尋ねよう。一つ例示されたあとなので、子どもは次々に悪い事態を話し始める。たくさん出せたら、「そうだね。だから○○してはいけないんだね」と語る。

効果

危険予測をする習慣を身につける

子どもの危険予測能力は実に心許ない。

もちろん、だからこそいろいろ経験することで、身をもって学習していくとも言える。

しかし、一方で大きな怪我につながるような行為については、教師が事前に防ぐ必要がある。

さらに、教育上、最も重要なことは、教師がいないところでの危険行為の予防である。

それを可能にするには、子ども自身にさまざまな場合の危険予測をさせること。さらに、「最悪の事態」を常に考える心の習慣を持たせることである。

Ⅱ
9

権威を借りる

文学的文章の解釈が学級内で分かれ、子どもたちの議論は喧々諤々。どの意見の子も納得できる言葉で収束させたい。そんなときのあなたの言葉は次のうちのどっち？

A

先生の考えは……。

B

○○大学の○○教授は……。そして、先生の考えは……。

解説

角を立てずに納得感をもって議論を収束させる

授業における子どもたちの議論を、どの意見も大切にしながら収束させたいという場合、権威を借りて学習のまとめをするという方法がある。

例えば、こんな具合だ。「『ごんぎつね』の最終場面の解釈は、大学の先生の間でも論争になっています。これについて、〇〇大学の〇〇教授は～」

教師が議論を収束させるために、教師の解を述べることは、決して悪くない。しかし、子どもたちの様子を見ていると、教師が片方の意見を味方していると感じるようで、快い反応が返ってこない場合が多い。そこで、両方を立てる方法が有効と考える。

効果

教師の権威付けと子どもの有能感を高める

どちらかが明らかに正しいと決定づけられるような議論の場合は、もちろんずばり答を言う方がよい。「〇〇という意見が正解です」と。しかし、文学的文章の読解のような場合は、解についてのさまざまな可能性を、語ってあげる方がよい。

それも、ある種の権威を裏付けにしながら話すことで「先生は勉強しているな」「私たちの勉強のためにそこまで調べてくれているんだな」と、教師の権威を高めることもできる。

また、自分たちの議論がそこまでレベルの高いものだったことを誇りに思うようにもなる。

つまり、子どもたち自身の有能感を高めるのにも有効と言えるのだ。

Ⅱ
10

一人ツッコミしながら

理科実験の手順をしっかり子どもたちに理解させたい。
そんなときのあなたの言葉は次のうちのどっち?

A

同じビーカーを二つ用意します。そして、同じ量の水を入れます。こんなふうに……。

B

同じビーカーを二つ用意します。なんで二つやねん! 比べるからなんですねえ。そして、同じ量の水を入れます。なんで同じ量やねん! とか思いながら入れます。これは、違う量だと比べる意味がなくなるからですねえ。

解説

「一説明、一ツッコミ」で聞かせる

授業において大事なことだけれど、説明を始めると長くなるし、手順のすべてを子どもたちが覚えていられないということがあるとする。

そんなときは、教師が説明しながら一人ツッコミをして聞かせる。

そのツッコミには、「なんで～なんだろう⁉」といったかたちを多用し、続く次のセンテンスが答になるようにする。

こうすると、子どもが頭の中で、「ほんとうになんでなんだろう……。ああそうか、そういうわけか」と論理や手順を組み立てながら聞けるのでよい。

効果

忘れ、間違いを減らす

無味乾燥な、淡々とした説明は、そもそも注意を喚起しないので、聞かせることができない。また、たとえ子どもたちが聞いていたとしても、インパクトがないので、あとで思い出すことができにくい。

そこで、この「一説明、一ツッコミ」。一つひとつの手順について、教師がツッコミを入れると、記憶するのに都合のいいエピソードが付与されることになる。これによって、子どもが手順を忘れたり、間違えたりするのを防ぐことができる。

また、特別に留意したい点には大げさなツッコミを入れると効果が高まる。

Ⅱ
11

細部を意識させる

体育で、ティーボールの指導。バットを強く持って、肩に力が入っている子がいる。もっと楽な姿勢で構えさせたい。そんなときのあなたの言葉は次のうちのどっち?

A

バットをもっと軽く握って、肩の力を抜いて構えるようにするとよいですよ。

B

バットを握る小指にだけ、力を入れるようにするとよいですよ。

解説

細部を意識することによって、全体をよくする

特に体育や図工などの実技系の指導に役立つのが、細部を意識させることによって、全体をよくするという説明である。

・マット運動の後転を指導しているとき

×「もっときれいに回りましょう」　○「頭の上に、急いでつま先をつけましょう」

・図工で建物を写生させているとき

×「丁寧に博物館を描きましょう」　○「屋根の角を丁寧に描くと十倍上手く描けます」

その指導の本質となる細部について説明することによって、全体をよくしようとするのだ。

効果

質の高い学び合いを促す

子どもたちに、「助け合って学習に取り組むんだよ」と言うと、ついつい直接手を貸してしまったり、答を教えてしまったりということになりがちだ。

相手を助けたいという親切な気持ちはあるのだが、適切に教えるということがどういうことなのか、また適切な教え方がどういうものであるのかも、具体的によくわかっていない。

教師の言葉によって、飛躍的な改善を子どもたちに実感させられれば、その教え方が子どもたちの間にも広まることは間違いない。

この「細部を意識させる」は、子どもたちのアドバイスの質も高める。

コラム 3

話し始めは、小さな声で

修学旅行でバスガイドさんが添乗するバスに乗ることがあります。

こうした機会に、プロの話を注意深く聞くことも勉強になります。

あるとき、面白いことを発見しました。それは、多くのガイドさんの第一声が、ゆっくりと落ち着いた、小さな声の「おはようございます」であるということです。

教師は、子どもの集中を一気に喚起し、また元気な自分をアピールするために、ついつい第一声を大きな声にする癖があるようです。

しかしこの発声は、「耳をそばだてなくても聞こえる」と聞き手に思わせてしまうようで、かえって集中度を下げてしまいます。

また、こちらの気分が盛り上がってもいないのに聞かされるテンションの高い声には、ストレスを感じるものです。

心理学に「ペーシング（pacing）」という言葉があります。相手の心情や表情、言葉の抑揚、スピードに合わせて対応することを言います。こうすることで、相手との心的な距離を縮めることができます。

聞く態勢のできていない相手に始めから大きな声で話すというのは、このペーシングという視点からも間違っています。

まずは、小さな声で話し始める。これが重要です。

第2章 Ⅲ

安心感から意欲を引き出す説明

Ⅲ 1

逆説で動かす

明日は卒業式。子どもたちに立派な態度で式に臨ませたい。
そんなときのあなたの言葉は次のうちのどっち?

A

総練習で、あれだけ立派な姿を見せたんです。十分みんなはがんばってきました。当日は、どれだけ失敗しても構いません。

B

総練習で、あれだけ立派な姿を見せたんです。当日はさらにもう一つ上のレベルを目指しましょう。

解説

信頼して待つ

子どもたちに、ワンランクアップを目指して成長して欲しいときは、逆に「もういいんだよ。十分やってきたよ」という労いの言葉を。

子どもたちは、こうした言葉を掛けられると、「自分たちのことを評価してくれる人がそばにいる」といううれしさから、かえって力を入れて打ち込むようになる。

がんばっているときに、「もっと、上のレベルを目指そうよ」と激励することも低学年の場合は有効。しかし、高学年の場合には、むしろ信頼して待つという態度を表明することによって意欲をアップ。

効果

教師と子どものあたたかい関係を築く

効果は、まず教師と子どもたちの間にあたたかい関係を築けるということ。

たしかに、子どもは叱咤激励でも動く。しかし、優勝した野球チームの選手が時折コメントするように、「この監督を胴上げしたくてがんばってきました」的な動かし方もある。そうした教師と子どもとのあたたかい関係を築くための説明である。

さらに、こうした説明をしたあとには、事後のフォローを必ずすること。「先生は『どれだけ失敗してもいいよ』言ったのに、全然言うこと聞かないんだなあ。ひとつも失敗しなかったじゃないか」というように。これで、さらにあたたかい関係は確実になる。

Ⅲ
2

「お願い」にしてみる

ノートを持ってくるときに、走って来る子がいる。それを止めさせたい。
そんなときのあなたの言葉は次のうちのどっち？

A

危ないでしょう！　歩いて持って来なさい！

B

お願いがあります。怪我をするんじゃないかと、とても心配です。

解説

聞きやすいひと言目から

子どもの行動を変えたい。そんなときは、注意ではなく、「お願いがあります」というひと言をから始める。

何度注意しても行動を変えられない子どもというのが、教室にはやはりいる。そんな子に、何度も同じ注意を与え続けることは、当の子どもにとっても、教師にとってもかなりのストレス。

子どもと教師の信頼関係が、十分に築けているときは、注意や指示よりもむしろ「お願い」の方が効果がある。いつもと違う話のトーンに、はっとして思わず聞いてしまうからだ。

効果

居心地のよい雰囲気をつくる

注意をする、叱るという行為は、なにも教師とその当事者だけに影響を及ぼすのではない。語気を強めて言う、その注意を聞かされている周りの子どもたちへの影響も、十分配慮しなければならない。

特に、大きな声での注意、叱責は周囲の子どもにとってストレスとなる。

もちろん、場面や状況によっては、そうしたことが必要な場合もある。しかし、それが毎日ともなれば、子どもたちにとって教室が居心地のよい雰囲気ではなくなってしまう。そこで、雰囲気を悪くせずに注意することが可能な「お願い」にしてみるのだ。

Ⅲ
3

ラブレターを読むつもりで

各班の当番活動が漏れなく行われている。ぜひ、子どもたちを褒めてあげたい。
そんなときのあなたの言葉は次のうちのどっち？

A

このクラスのこと、先生は、大好きです。だって……

B

このクラスって本当にえらいなあ。だって……

解説

「大好きです」で心をグッとつかむ

子どもたちの成長が見えてきた。ぜひ評価してあげたい。そんなときは、「このクラスが大好きです」というひと言から話し始める。この言葉で、子どもの心をグッとつかむことができれば、そのあとの説明をじっくり聞かせることもできる。子どもの言動が、なぜよかったのか、なぜ価値あることだったのか、説明を聞かせることができる。

「よくなってきたよ」「えらいなあ」「うまいぞ」といった言葉が、すぐに口をついて出る先生は、もちろんよい先生。しかし、よい評価を与えている先生の言葉は、ときにマンネリになりがち。「大好きです」は新奇性もあり、注目度が高い。

効果

「大好きです」で親近感と安心感を

「よい」「えらい」「すごい」といった評価言に比べて、「大好きです」という言葉は、子どもに親近感と安心感を、より強く与えることができる。

前者は行動と人格を切り離した評価。「その行動」についてはよいけれど、「それ以外の行動については、また別ですよ」というニュアンスを言外に含んでいる。だから、やや突き放した感のある評価と言えるだろう。

しかし、後者は、その言動もそうした言動をとるあなたの人格も、まるごと評価していると いう伝わり方をする。つまり、子どもの存在そのものを認める評価なのだ。

Ⅲ 4

子どもをいじる

金曜日の六時間目。重要語句の説明なのに、子どもたちが疲れていて聞いていない。この説明は聞いて欲しい。そんなときのあなたの言葉は次のうちのどっち？

A

これは、大事な言葉だぞ、よく聞いて……。

B

これって、例えば山田くんのことだな……。

解説

名前を挿入して集中度を高める

説明を聞かせるのに不利な状況が、教室にはある。月曜日と週末の午後は特にそう。そんなときには、子どもを軽くいじると、教室の雰囲気が新鮮になり聞かせることができる。

例えば、「これって、タイヨウくんにすごく関係があるぞ」と言っておいて、実はまったく関係なく、子どもから「先生、ぼくに全然関係ないですよねえ」とツッコミが入る。

例えば、「ナオミさんが、失敗しちゃったときに、『猿も木から落ちる』って使うんですよ」等のように、半ば強引にでも、学級の子の名前を説明に挿入することで、子どもの集中度をグッと高めることができる。

効果

当事者性を高めて一人ひとりとつながる

身近なことには関心が高い。これはよく言われること。だから、自分に関わりがあると思えば、話をよく聞ける。しかし、教師の説明というのは、情報を伝達することが第一義であるため、どうしてもマスに向かって話すトーン、口調になってしまいがち。また、流暢な説明ほど、意外と子どもは聞き流してることが多い。

そこで、名前を入れ、当事者性を高めることで話を聞かせることができる。

さらに、この「いじる」説明は、本来マスに向かって情報を伝達する説明場面において、一人ひとりとつながれる機会をつくることにもなる。

III
5

失敗談から切り出す

体育の時間、紅白帽子を持ってくるのを忘れている子どもたちが目立つ。
次回は、この状況を改善したい。そんなときのあなたの言葉は次のうちのどっち?

A

忘れた人は起立! 紅白帽子を次回必ず持ってきなさい。頭を保護するためのものでもあります。とても大事なものです!

B

先生ね、小学生の頃なんだけど、紅白帽子を忘れてきて、とんでもない怪我をしたことがあるの。

解説

正攻法の合間のアクセントに

子どもの間違った行動や失敗に対して、教師自身の似た失敗エピソードを話すようにする。もちろん、間違った行動や失敗について、叱ることも必要。また、場合によっては、起立をさせて、それが、なぜいけないのか、次回はどうしようと考えているのかも、話すように求めるというような厳しい指導があってもよい。

しかし一方で、正攻法では改善しない子どももいる。また、何度もこの方法を繰り返すことで、効果が薄れることもある。そんなときは、教師がした失敗エピソードを子どもに話す。子どもたちに強い共感を与え、結果として行動を改善させるのだ。

効果

不安を抱かせない

教師が語る失敗エピソードは、子どもたちに安心感を与える。また、子どもたちはこの手の失敗エピソードを楽しみにさえしているようだ。

「なあんだ、先生も失敗しながら大人になったんだなあ。こういう失敗をするのは、自分だけではないんだ」と感じるようだ。

その安心感は、現在の安心感であると同時に、いまこんな失敗をしていても、たぶん大人になればよくなるんだよ、という未来への安心感でもある。教師の失敗エピソードを語るという手法は、子どもに、将来に対する過度な不安を抱かないという効果もある。

Ⅲ
6

第三者の感想を

学芸発表会の鑑賞態度がよかった！　ぜひとも褒めてあげたい。
そんなときのあなたの言葉は次のうちのどっち？

A

聞き方、視線、拍手、どれも素晴らしかったなあ。

B

校長先生が言っていたよ。君たちの「鑑賞態度に感動した！」って。

解説

信憑性を高める

子どもたちの言動を褒めてあげたいときには、第三者の感想として伝える。

例えば、「校長先生が、君たちの聞く態度を『すばらしい！』と褒めてくださっていたよ」「一組の近藤先生が、君たちの『絵が上手だ』って褒めてくださっていたよ」というように。

もちろん、担任が子どもの言動に対して褒めることは、大切だし、必要だ。

しかし、何度も繰り返せば、かえって信憑性がなくなってしまうし、効果も薄くなる。

そこで、他人の口を借りてよさを伝えるようにする。このようにすることで、自分たちへの評価がたしかなものだと、子どもたちに実感させることができる。

効果

教師集団への信頼を高める

担任教師がいままでしてきた指導への信頼を高めることができる。

自分たちを褒めてくれているのは、担任の先生だけではなく、どの先生も褒めてくれているのだ。だから、担任の指導は間違いのないものだと、子どもたちに改めて実感させることができる。

また、教師集団の評価が一致していることを、子どもに伝えることによって、教師集団の一体感を、子どもたちに伝えることにもなる。このことは、担任教師以外の教師への信頼を高めることにつながる。

Ⅲ
7

「たしかに〜」

今日は、子どもたちが楽しみにしていた全員遊びの日。ところが急に、体育館が使えなくなった。そんなときのあなたの言葉は次のうちのどっち？

A

実は今日、体育館が使えなくなりました。たしかに、「全員遊び」の計画を一生懸命立てて、楽しみにしていることも知っています。きっと、残念でたまらないでしょう……。

B

実は今日、体育館が使えなくなりました。五年生が急遽学習発表会の練習に使いたいということだったので……。

解説

先回りして、反発を鎮める

急な予定変更や、子どもに迷惑をかけてしまう教師のミス……。教師も人間、こうしたことはときどき起こる。

そのフォローには、反発を「たしかに～」や「きっと～」で、先回りして言ってしまう。

人のイライラや怒りの感情は、一度起きてしまうと、なかなかその場ですぐに抑えることは難しい。それは子どもとて同じ。

しかし、せめて今ある感情に油を注ぐようなことはしたくない。そのためには、「あなた方の気持ちや立場はわかりますよ」と、先回りして伝えることである。

効果

ピンチをチャンスに変える

教師のミスや都合によって、子どもに迷惑がかかってしまうことがある。

たしかに、こうしたことは少ない方がよい。しかし、誠実に対応さえすれば、かえって教師にとってチャンスになることもある。

例えば、「たしかに～」「きっと～」で、子どもの感情を先回りして伝えることで、「この先生、ぼくたちの気持ちけっこうわかってくれてる」と感じさせることができる。

さらに、そう思わせることで、「いいよ、先生。仕方ないよ」という声が、子どもから出てきたりもする。子どもの優しさを教師が再発見する機会にもなる。

Ⅲ
8

プラス発言に変換する

子どもから「先生、そんな難しいのは、ぼくたちには、無理……」という声が出た。ぜひ、前向きな気持ちで取り組ませたい。そんなときのあなたの言葉は次のうちのどっち？

A
そんな難しいのは、無理じゃないかという意見が出たけど……。

B
この難しいことを、どうしたらやれるのか、という質問が出たけど……。

解説

マイナス要素をプラスに転換する

教師が、成長を期待して少々難しい課題を提示する。すると、「そんなことやりたくない」「難しくてできない」というマイナスの発言が子どもからある。

そんなときは、マイナス要素をプラスに転換し、受け止めてから返答するという技を使う。「難しくてできないんじゃないか」→「どうしたらできるか教えてほしいという要望が……」「やりたくない」→「やる意味を教えて欲しいという声があがりましたが……」

難しく感じるかもしれないが、まずは、なぜそうした子どもの発言になったのかという深層意識を読む。次に、その意識をプラスに変換して説明を始めると、意外と簡単なのだ。

効果

教師への信頼を高める

教師が何かしらの提案をしたあと、子どもから「受け容れられない」という意思の表示がある。これは、学級経営上の勝負場面である。

周囲の子どもたちは、「この先生、どうやって『返す』かな?」と一種値踏みの心境。毅然と「やるったら、やるんだ」と言い放ってもいい。しかし、こうした頭ごなしな言い方を、周囲の子どもたちは意外と覚めて見ているものだ。

それよりもむしろ、マイナス要素をプラスに転換させ、周囲の子どもたちにも、「先生、上手に返したな」と思わせた方が、教師への信頼は高まる。

Ⅲ
9

「残念だ！」「惜しい！」

学習発表会を二日後に控えた練習。子どもたちの態度に真剣さが感じられない。ピリッとした態度で練習に向かわせたい。そんなときのあなたの言葉は次のうちのどっち？

A

残念です。先週の君たちのあの発表を見ているだけに残念です。先生は、あんな心が震えるような発表が見たいです。

B

なんだ、その態度は！　おしゃべりはしてる。ニヤニヤ笑ってる……。

解説

「本当はできるはずなのに……」というニュアンスを

これはもちろん、Aをおすすめする。Bの場合、その後に続く言葉は、教師の感情を単にぶつけている話になりがちだ。

「なんだ、その態度は！おしゃべりはしてる。ニヤニヤ笑ってる。よそ見をしていて、自分のセリフを言い忘れる……」というように。思いつく限りの子どもの不足への指摘が続く。

しかし、「残念です」と始めた話には、「本当はできるはずなのに……」というニュアンスを含んでおり、話の締めくくりにも「だから、残念なんです。もう一度やってみましょう」と次のチャンスを生かすような話につながりやすいのだ。

効果

叱って信頼を高める

この方法で話をすると、叱っているようでいて、実は悪い感じがしない。

「『残念』というのは、できない人には使わない。本当はできるのに、本当はそれだけの力があるのに……そういうときに使うんだよ」というセリフとともに使えばなおさら効果的だ。

一見、子どもたちは叱られているように見えるが、切実な教師の願いや自分たちにかけられる期待に気づかせることもできる。

たしかに褒めることでも信頼を高めることはできるが、「残念」という言葉を使うことで、叱っても子どもとの関係を悪くしないだけでなく、信頼を高めることもできるのだ。

Ⅲ 10

大げさな謝罪から入る

テストの採点をしている最中にボールペンが引っかかり、用紙が破けてしまった。それを子どもに返却しなければならない。そんなときのあなたの言葉は次のうちのどっち？

A

実は、昨日丸付けをしていて……。

B

実は、先生、たいへんな失敗をしちゃって、本当に申し訳ない……。

解説

失敗を信頼に変える

教師の完全なミスで、子どもにわびなければならない。もちろん、ごまかさずに謝罪するのが一番大切。でも、ただ謝るのではなく、これをきっかけにして子どもと信頼関係を築きたい。

そんなときは、まず事実を告げる前に大げさなほどの謝罪をするようにする。こうすると、子どもは「どんな迷惑なことしたの、先生」という気持ちで、教師の失敗に耳を傾ける。しかし、失敗の事実を聞くと、実に小さなこと。安心するとともに、「先生は、自分が悪いときはしっかりと謝罪をするんだ」とかえって信頼してくれるものなのだ。

効果

謝罪のモデルになる

謝った本人の信頼を教師が得られるのは、もちろん。周囲でその様子を見ている子どもたちの信頼も得ることができる。周囲の子どもたちもまた、「先生は、自分が悪いときはしっかりと謝罪をするんだ」ということをきっちりと見ている。

そうした姿を子どもたちに見せることには、実はもう一つ重要な効果がある。それは、子どもたちの友人関係のモデルになれるということだ。子どものトラブルで多いのが、「きちんと謝ってくれなかった」というものだ。

教師の謝罪する姿を見せることは、そうしたトラブルの予防にもなる。

Ⅲ
11

結果からさかのぼる

歴史的事件や科学的事象について、わかりやすく説明したい。
そんなときのあなたの言葉は、次のうちのどっち？

A

まず、〇〇が日本を攻めてきて、そのため幕府の力が弱まり、最後には××になりました。

B

××という事件が起きました。なぜかというと、この時期、幕府の力が弱まっていたからなんです。〇〇が日本を攻めてきたので、幕府の力が弱まっていたのですね。

解説

先に結論を言って、イメージを持たせる

教科指導で重要事項を教えるとき。けんかが起こり、その経緯を子どもたちに説明するとき……。そんなときは、原則として結論を述べ、その理由や原因にさかのぼって説明する。

「月と太陽は同じ動きをします。なぜなら……」「答は、『7』になります。なぜかというと……」「ナミさんとタイヨウくんとツキミさんが、けんかをしました。けんかになった理由は……」というように。

先に結論を言うと、これから話すことのゴールが先にわかる。そのため、話の概要をイメージしてから聞くことができるので、子どもにとっては納得のいく説明となる。

効果

学びやすい教室をつくることができる

結論が先に知らされないと、話の終末にくるまでいったい何の話なのかがわからない。こうした話しぶりは聞き手の関心を高める一方で、ある意味とても不親切だ。どんどん結論を先に言ってしまおう。そうした説明は子どもに聞く際の安心感を持たせると同時に、因果関係とともに重要事項を記憶させることにもなり、記憶をあとで引き出しやすくする。

「これって、どうしてだっけ？　あ、そうだ。これが原因だったからだ！」というように。

こうした説明は、子どもたちにとっての説明のモデルにもなる。また、学級全体が誰にもわかりやすい説明をすることを心掛けることで、どの子にとっても学びやすい教室となる。

コラム 4

大人の前で話す

教師は、話すことを仕事とする身でありながら、うまい話をする、うまく話をすることへの意識が低いように感じられます。それは、授業を参観していても感じますし、全校朝会のような場面で他の先生の話を聞いていても感じることです。それはもちろん、私自身にも言えることですが……。

なぜ、このようにうまい話をする、うまく話をすることへの意識が低いのか。

私は、子どもに向けて話をしていることに原因があると考えています。

通常、子どもたちは素直なので、「先生の話はわかりにくいです」と直接指摘してくることはありません。また、教師は「多少わかりにくくても、聞かせなければならない話だ」と感じているので、なおさら自分の話を改善しようとは思わないようです。

ですから、教師はもっと大人の前で話をする機会を持つべきだと考えています。職員会議での提案、研究発表などのフォーマルな場面はもちろん、宴会での短いスピーチや乾杯のあいさつでも、どんどん買って出るべきです。

そうした緊張を強いられるような場面で話すことが、教師自身の話術をレベルアップさせ、説明の技術を高くする機会だと考えるのです。

第2章 Ⅳ

興味関心から積極性を引き出す説明

Ⅳ
1

本音で語れ

明日からいよいよ運動会の本格的な練習が始まる。練習に向けての心構えを語りたい。そんなときのあなたの言葉は次のうちのどっち？

A

運動会で一番大事なことは、走るのが得意な人も、苦手な人も一生懸命に取り組むことです。

B

先生は、小さい頃、運動会が大嫌いでした。いつも、足の速い人ばかりが活躍するからです。……そうじゃない運動会、つくってみませんか。

解説

本音から始める

子どもの心に、説明を強く印象づけたい場合、あっと驚く本音を吐露することから始める。

ある野球選手が、お寺で座禅を組んでいるときに、住職から「私は野球が大嫌いだ」と言われたという話がある。「野球には『道』がない。だから野球は嫌いだ。あなたが野球道をつくってくれないか」と言われ、結局その選手は、住職に深く師事することになる。

教師は、正論、常識、タテマエばかりを話す事が多い。子どもにしてみると、あまりに当たり前すぎて「またかあ」と、新鮮味がない。

あっと驚く本音で話し始めることで、子どもの興味関心を高め、その後の説明を聞かせてみよう。

効果

教師の話を楽しみ待つ子になる

この方法を多用すると、子どもが教師の話を楽しみに待つようになる。飾らない教師の話しぶりに好感が持てるし、あっと驚く本音の真意が何であるのかが楽しみであるからだ。

「では、話します」と言うだけで、期待に満ちた顔で教師の話を聞くようになる。そうした瞬間をとらえて、「そんな顔で聞いてくれるなんて嬉しいな。有り難う」と言ってから話し始める。

こうしたことを繰り返すことによって、子どもの聞く態度を育てることができる。教師の話をがまんして聞かせることだけでは、子どもたちの聞く態度は決してよくはならないのだ。

IV
2

全然違うもので

合唱に取り組んでいるとき、全員が全力を出すことの大切さを、しっかりと伝えたい。
そんなときのあなたの言葉は次のうちのどっち？

A

みんなで歌うとき、たった一人でも力を抜いている人がいたら、台無しになってしまうんだぞ。

B

合唱というのは雪と同じだ。雪は、あの一つひとつの結晶がきれいだから、積もったときも、きれいなんだ。合唱も……。

解説

あっと驚く喩えを使う

子どもの心に驚きや感動を与える。そして、子どもを動かす。そんなことがしたいときは、完全にかけ離れているモノを、一緒だと言ってしまう。

・学級とスイカは同じだ！（熟れてくるほど、中身の種が育ってくる）
・計算力とラーメンは同じだ！（速くできても、まずかったら意味がない）
・人間とカニは同じだ。（中身がつまってる方が値打ちがある）

こうした喩えは、決まると格好いいが、子どもたちにうまく通じないと、逆効果。普段からよく練っておくこと、そして「○○と○○は似てないかな？」と考えることが大事だ。

効果

自分を律するツールとなる

こうした喩えを使った説明フレーズはとにかくインパクトが強い。だから、子どもたちの記憶にいつまでも残ることになる。

記憶に残るということは、そのフレーズそのものが、子どもの行動規範となりやすいということだ。例えば、速くできたのに計算問題を間違ったりすると、「わあ、まずいラーメンつくっちゃったあ」と子ども自身が使ったりする。

教師の与えたインパクトのある喩えは、子どもの内面に浸透して、子ども自身の行動規範となり、子どもが自分を律する際のツールとなるのである。

Ⅳ
3

頭文字で話す

これから劇物を使った理科実験を行う。取り扱いに十分留意させたい。
そんなときのあなたの言葉は次のうちのどっち？

A

今日の実験での注意は三つあります。一つは、反応中の薬品をのぞかない。二つめは、さわらない。三つ目は薬品の匂いを直接かがない。

B

今日の実験の注意は「のさか」です。一つ目は、反応中の薬品をのぞかない。二つめは、さわらない。三つ目は薬品の匂いを直接かがない。

解説

三つ揃えて記憶に残りやすく

子どもに伝える注意事項が、複数になってしまう場合は、その言葉の頭文字を取って話す。

通常子どもへの説明は、一時に一事を短く話すことが原則。しかし、複数の内容を子どもに説明しなければならないことは意外と多い。その際、ナンバリングや板書するなどの方法がとられることもある。もちろん、それらもよい方法ではあるが、場合によっては煩わしさを感じることもある。そこで、頭文字で印象づけ、その後詳しく説明する方法が効果的なのだ。

・特別教室への移動は「あくま」で（歩いて、口を閉じて、間に合うように）。

・ノートに字を書くときは「マジック」で（マスに字を収め、定規を使って、空間をたっぷり）。

効果

子どもたちで声を掛け合う

頭文字は、合い言葉になる。

理科の時間は「『のさか』だよ」、国語の時間は「『はとまめ』だよ」（はね、とめ、曲がりに、目をつけて丸付けをする）というように教師が呼びかける。

単純なことだが、それを繰り返すことで、やがて子どもたちが覚える。さらに、言いやすいのでお互いに声を掛け合うようになる。頭文字は教師から与えられるが、やがてそれぞれの子どもの内面へと浸透し、最後には集団のものとなっていく。

教師がいないときも、子どもたち相互が声を掛け合える集団へと育つのだ。

IV
4

「?」↓「!」

ハンカチ、ちり紙調べを、保健委員がすると連絡した。ところが、子どもたちは、その意義が十分わかっていないようだ。そんなときのあなたの言葉は次のうちのどっち?

A

ちり紙を持ってくるっていうのは、怪我したとき、給食を落としてしまったとき、風邪をひいてしまっているとき、いろんなときに便利。だから大事なんだぞ。

B

いま連絡があったね。ところで、なぜハンカチやちり紙を持ってくる必要があるんだろう?

解説

「実はよくわかっていない」を自覚させる

子どもたちが、「当たり前だ」「常識だよ」と考えているような事柄を説明するときには、問いかけた後に説明を加えるようにする。

高学年になればなるほど、「わかっているつもり」でされる連絡や説明は多い。

しかし、改めて、その「わかっているつもり」のことの意義を尋ねられるとわからなかったり、わかっている子は実はごく少数だったりということは多い。

そこで、当たり前を問い直してみる。すると、子どもたちは、「改めて聞かれるとわからないなあ」と自覚することができ、その後の説明に耳を傾ける。

効果

意味と意義を理解することで定着させる

当たり前と思われている事柄を、問いかけたのちに説明することで、生活技術を定着させることができる。

低学年のうちは、生活技術を習慣化させることが再重要だから、教師もついつい説明を軽く済ませたり、省いたりもする。その結果、それを何のためにするのかが、子どもの思考から抜け落ちていることがある。

その状態を改善するための説明技術が、「?」→「!」である。子どもたちは行動の意味や意義を理解して、さらに生活技術を定着させる。

Ⅳ 5

楽しい格付け

六年生に漢字を使った学習ゲームをする。たくさん漢字を書くように、意欲を高めたい。そんなときのあなたの言葉は次のうちのどっち？

A

十個以上書けたら、中学生くらいの力があるな。

B

十個書けたら中学生、十五個書けたら高校生、二十個書けたら……（子ども「大学生？」）**いえ、ちょっと変わった人です。**

解説

がんばることへの恥ずかしさを払拭する

高学年になると、一生懸命努力することにちょっぴり照れを覚える子が出てくる。そうした子どもたちも、意欲的に学習活動に向かわせたい。

そんなときは、楽しい格付けで、意欲を高める。

右ページのAは、子どもたちの努力目標と到達点を示しているので、悪くはない。特に低学年なら、これで十分意欲を高めることができる。しかし、一生懸命さにやや照れを感じるようになった子どもには、まっすぐにやる気を高めるAよりBの方が効果が高いことがある。

「おお、ぼく、変わった人だあ！」と言いながら漢字をがむしゃらに書くようになる。

効果

やんちゃな子が意欲的になる

なんといっても、やんちゃな子どもたちの意欲を高めることができる。

普段、「漢字が書けたからって、どうだっていうの？」「計算が速いから、なんか偉いの？」というポーズをとっているような子に、効果がある。やや自虐的でちょっと楽しい格付けが、そうした子どもたちの琴線に触れ、学習意欲に火をつけるのだ。

また、そうでない子にも実は効果がある。学習が得意な子の成果が、学級の中で嫌味なく扱われるということだ。

「う～ん、春子さん、五十個！かなり変わっています。拍手～」というように。

Ⅳ
6

先に活動させて

合唱指導で声の出し方を説明しようとしている。ところが、子どもたちが聞いていない。そんなときのあなたの言葉は次のうちのどっち？

A

きちんと聞きなさい。これから、ひびく声の出し方を説明しますからね。

B

この音の高さで声を出してみて。さん、ハイ。うーん、マイナス三十点。もう一度。……さん、ハイ。おぅ、かなりいいぞ。プラス二十点。背中がまっすぐになるように立ってごらん。もっといい声が出るから。

解説

二回の活動から、説明へ

テンションが低い月曜日。疲れて集中度が低い金曜日。説明を聞けるような状態にないとき……。そうしたときは、まず活動をさせてから説明をする。

朝なら、「おはようございます」と言わせるだけでもよい。座って行う活動が続いたのなら、「立ちなさい」と言うのもよい。

なにか活動を取り入れて、空気を変えてから次の説明を繰り出すようにする。

さらに、気をつけることは、活動は二回繰り返すことだ。一度目の活動に必ず「ダメ出し」をして、レベルアップを要求する。こうしておいてから、説明を聞かせる。

効果

教室の雰囲気を冷やさない

この技術は、教室の雰囲気を冷やさない。通常教師は、聞いていない子どもを目の前にすると、のっけから「静かにしなさい」「聞きなさい」という指示をしがちである。そうした話の切り出し方は、その指示さえも聞いていない子がいてよくない。結局教師が怒鳴って静かにさせるということになりがち。教室の雰囲気は急激に冷えていく。

そこで、活動をさせる。活動をさせていったんはダメ出しをすることで、集中力を高める。

しかし、二回目以降は、改善された点を評価するようにする。こうすることで、少しずつ上達させながら、それに伴って空気をあたためることができる。

Ⅳ 7

「教えないでおきましょう」

社会科で消防署員の工夫について学習している。消防署見学への意欲を高めたい。そんなときのあなたの言葉は次のうちのどっち？

A

消防署には、たくさんの工夫があります。それを消防署で見つけてきましょう。

B

消防署には、たくさんの工夫があります。例えば、その一つは……今日は教えないでおきましょう。

解説

欲求をかき立てる

意欲を高めたいときの一つの手立ては、欲求をすんなり満たさないことだ。

本来与えられるべき情報を制限したり、与えなかったりする。これで、子どもはもっと知りたいという意欲を高めるようになる。

もちろん、右ページAの説明でも悪くはない。先の活動について説明して、見通しを持たせることも重要だ。しかし、どうせならその説明の中に、これから行う学習への意欲を高めるちょっとした仕掛けを入れておきたい。

それが、「教えない」という手法である。

効果

子どもとの親密感を高める

「今日は教えないでおきましょう」の後、子どもたちから必ず「えー！」というブーイングが起こる。

そこで、すかさず「知りたいの？」とちょっといたずらっぽく尋ねる。子どもたちは、「知りたいよう」と答える。さらに「知りたい人、手を挙げて……じゃあ、ちょっぴりだけね」というようなやりとりをする。

授業中なのに、教師と子どもたちが遊んでいるような雰囲気が生まれる。こうしたやりとりのうちに、子どもたちと教師との親密度が高まっていくのだ。

Ⅳ 8

造語をつくる

「プリント取りにいらっしゃい」と言ったら子どもたちが殺到して、たいへんなことに。人に譲ることの大切さを訴えたい。そんなときのあなたの言葉は次のうちのどっち？

A

「自分だけとれればいいや」とか「人より先にとりたい」というような人を、「オレガー」と言います。『オレが、オレが』のオレガーです」

B

我先にと押し寄せると、ぶつかって怪我をしたり、けんかになったりします。自分は後からにすることが大切です。

解説

新鮮な印象に

子どもたちのルール違反やマナー無視。まだ未熟なのだから当然と言えば当然だが、そこは「なぜいけないか」を教え、きっちり止めさせたい。

だから、Ｂのような説明はもちろん必要。まずは、なぜ許されないことなのかを教える。しかし、高学年になって「なぜいけないか」は十分わかっているはずなのに、それをやってしまうという場合もある。

そんなときは、何度も同じ説明や注意を与えても逆効果。「またかあ……」という印象を与えてしまう。そこで、造語で新鮮な印象を与えて、意識させるというのも効果的だ。

効果

自覚的な行動をする子を育てる

造語で指導されると、子どもはルールやマナーについて教えられているのだが、目新しさを先に感じるので、「お説教臭さ」を感じにくい。なおかつちょっぴり楽しい印象も受けるので、教師の指導を、素直に聞き入れることができる。また、その造語の意味を考えることによって、教師の指導の意図がスッキリ納得できる場合もある。

さらに、「他人のことを考える人＝アナタ―」「人に譲る人＝ユズラー」などというように、新しい造語も子どもの手で生み出されるかもしれない。子ども自身が日常生活を振り返り、自分で行動を価値付けし始めるのだ。そのことは、自覚的に行動する子どもを育てることになる。

IV
9

擬人化する

靴のかかとを踏んで歩いている子どもがいる。
そんなときのあなたの言葉は次のうちのどっち？

A

靴が傷みますよ。きちんと履きなさい。

B

靴をよく見てごらん。一生懸命何か言ってるよ。

解説

擬人化ではっとさせる

子どもたちに、ものを大切に扱って欲しいときは、「何か言ってるよ」のように擬人化して、説明する。

・筆入れに余計なものをたくさん詰めている子には……「筆入れが『お腹いっぱい』って、言ってるよ」

・鉛筆を短くなるまで使っている子には……「鉛筆が、きみに『ありがとう』って、言ってるね」

子どもたちははっとして、いつまでも印象深く記憶することになる。

効果

愛着と愛情は、ものから人へ移行する

ものを擬人化するということは、自分を相手の立場に立たせてみるということの練習だ。「わたしに、使われている鉛筆の気持ちは……」「ぼくに歌われている、この歌の気持ちは……」「ぼくがいま放り投げた紅白帽の気持ちは……」というように。

もちろん、こうしたものの見方が幼い頃の、限定的な思考だという考えもあるだろう。

しかし、擬人化してものを見ることができる子どもは、そのものに愛着を持つようになり、やがて愛情を注ぐようになる。そうした、愛着と愛情を持つ心の習慣は、年齢が進むにつれて、やがて人間関係にも反映されるのだ。

Ⅳ
10

三回質問

重要度の高い語句について、その内容をもう一度説明して確認したい。
そんなときのあなたの言葉は次のうちのどっち？

A

聖徳太子は、推古天皇の摂政となって、冠位十二階、十七条の憲法、遣隋使の派遣を行い……。

B

推古天皇の摂政となったのは？
冠位十二階を定めたのは？
遣隋使を派遣したのは？
……そう、聖徳太子でしたね。

解説

自然と三回の説明ができる

生活指導でも教科指導でも、重要性を強調したいときは、三回質問して、その後に説明を加える。

「向かい合う角が同じ大きさの四角形は?」(平行四辺形!)「向かい合う辺が平行で、長さがそれぞれ等しいのは?」(平行四辺形!)「対角線が中点で交わるのは?」(平行四辺形!)

このようにすることで、一つの事柄や事象について質問の形式をとりながら、三つの説明を自然と加えることになる。つまり、重要語句を様々に定義づけたり、その事柄の重要性を多角的に価値付けたりということが、スムーズにできるということだ。

効果

冗長な説明をのがれる

一つの事柄について多角的に説明しようとすると、言葉が羅列され、どうしても話が長くなる。

話が長くなると、子どもたちは受動的立場に長く立たされることになるので、自然と視線は下に、手いじりも始まるといった具合に……。

そこで、この三回の質問で説明をしてみる。

すると、子どもは三つの質問に毎回答えなければならないので、能動的にならざるを得ないし、能動的に得た知識は記憶にも残りやすいということになる。

IV 11

少し高いレベルを

全校朝会のあと、教室まで静かに戻らせたい。そんなときのあなたの言葉は次のうちのどっち？

A

教室まで静かに帰りなさい。話をすると他のクラスの迷惑になります。

B

教室まで、「声も足音もしない」ということができるでしょうか。これは六年生にもできません。

解説

少し高い目標を設定する

子どもたちをさらに高いレベルに引き上げたい。これは、教師だったら常に望むことだ。そして、これこそが教師の仕事と言えるだろう。

そんなときには、「少し高い目標＋わかりやすい高めの指標」で説明してみる。「わかりやすい高めの指標」とは、「六年生でもできない」「これは大人と同じ」「社会に出て、仕事をするようになったら、こういうことが求められるよ」……のような説明だ。

これは、大げさであったり、ウソであったりしてはいけない。教師の経験や知見から引き出された、説得力のあるものでなければならない。

効果

自ら挑戦するようになる

子どもは本来、今よりももっと成長することを望んでいる。

そうした状況になっていないのは、高いレベルを望まれたり、高いレベルのことを達成したりした経験がないからなのだ。

また、その「高いレベルを達成すること」に、どのような意義があり、それができたらどの程度すばらしいのかがよくわからないということも原因だろう。

高いレベルを望む説明をし、さらに行動に対する教師の的確な評価や子ども自身の振り返りを繰り返すうちに、子どもたちは、自ら高いレベルの事柄に挑戦するようになっていく。

コラム 5

新ネタを話そう

　ある七十歳を超えた落語家に、私は尋ねたことがあります。

「七十歳を超えても、まだ新ネタに挑戦しようとされるのはなぜなのですか」

　すると、その落語家は、当たり前だという顔でこう答えました。

「だってねえ、精気がなくなっちゃうじゃないか。古い話ばかりじゃ」

　私は、この言葉ではっとしました。

　昨日出合った新しい話、おもしろい話は、自分自身が興味を抱き、子どもにも聞いて欲しいと強く願うので、教室で話すときも知らないうちにいきいきと話しています。

　また、そうして教師がいきいきと話す姿は、子どもにとっても楽しいものに違いありません。

　しかし、どれだけうまい説明であっても、何度も使いまわしたような表現は、私自身を元気にしてはくれません。自分自身が、飽きてしまっているのです。

　そんな状態で話を聞かされる子どもの気持ちも推して知るべしでしょう。

　いくら経験を重ねても、子どもへの話は若く、旬なものを、精気に満ちて話したいと思います。

◆おわりに

私の初めての単著は、『発問・説明・指示を超える対話術』です。その『対話術』で、私は発問・説明・指示の間に存在する教師の言葉に着目しました。

対話術は、子どもの発言があって初めて生まれるものです。子どもが話した事柄に対して適切に対応すると、さらに子どもの発言を引き出すことができるということが、本の主張であり、特徴でした。

いわば「受けて返す」技術と言えます。

一方、本書では、子どもの様子を見て、「もっとこう育てたい」という思いを持ったときに、どのように説明をすれば、子どもたちがよりよく理解し、心動かされ、行動を起こすことができるのかを解き明かしました。

これは、いわば「こちらから投げかける」技術と言えるでしょう。

これで、本シリーズには、「投げかける（説明のルール）」「受けて返す（対話術）」という対となる技術が揃ったことになります。

このことで、教科指導や生徒指導におけるやりとりに関する技術の多くをカバーできたという思いでいます。

特に教育現場では、説明はその重要性が十分認識されている一方で、難しいという声も多く聞かれます。

「どうしたらわかるように説明できるのでしょうか」と問われることや「やる気を起こすためにはどんなふうに話せばよいのでしょうか」と問われることが、よくあります。

この本が、多くの先生方の手に取られ、説明についての現場の悩みに応えることができるものになるとすれば、大きな喜びを感じます。

さくら社社長横山験也氏には、出版の機会をいただきましたこと、さまざまな機会を通じていつも励まし、応援してくださっていることに、心より感謝申し上げます。

また、本書を世に問うことができるのは、同社良知令子氏の労によるものでもあります。

あわせて、キュートなイラストで本文に花を添えてくださった坂木浩子氏、斬新で印象深いデザインをしてくださった佐藤博氏にも、この場を借りまして、心よりお礼を申し上げます。

すべてのご縁に感謝。


北国の遅い春を待ちつつ、記す。

山田　洋一

●著者紹介

山田洋一（やまだよういち）

昭和44年北海道札幌市生まれ。北海道教育大学旭川校卒業。2年間私立幼稚園に勤務した後、公立小学校の教員になる。大学時代の同期とつくった教育実践研究サークルふろむＡで、教育実践研究をみっちりと積む。その後、教育研修サークル北の教育文化フェスティバルをつくり、代表に。思想信条にとらわれず、現場で役立つこと、教師人生を深めるものからは何でも学んできた。

◎著書

『発問・説明・指示を超える　対話術』『発問・説明・指示を超える技術　タイプ別上達法』（さくら社）、『学級経営力・中学年学級担任の責任』（共編著・明治図書）、『とっておきの道徳授業Ⅵ～Ⅹ』（佐藤幸司編、共著・日本標準）、『お笑いに学ぶ教育技術』（上條晴夫編、共著・学事出版）ほか共著多数

発問・説明・指示を超える
説明のルール

2012年3月30日　初版発行

著　者　山田洋一
発行者　横山験也
発行所　株式会社さくら社
〒101-0051　東京都千代田区神田神保町2-20 ワカヤギビル507号
TEL：03-6272-6715／FAX：03-6272-6716
http://www.sakura-sha.jp　郵便振替 00170-2-361913

ブックデザイン　佐藤　博
印刷・製本　シナノ書籍印刷株式会社

ISBN978-4-904785-54-6 C0037

さくら社の理念

●書籍を通じて優れた教育文化の創造をめざす

教育とは、学力形成を始めとして才能・能力を伸ばし、目指すべき地点へと導いていくことでしょう。しかし、そこへと導く方法は決して一つではないはずです。多種多様な考え方、やり方の中から、指導者となるみなさんが自分に合った方法を見つけ、実践していくことで、教育文化は豊かになっていきます。さくら社は、書籍を通じてそのお手伝いをしていきたいと考えています。

●元気で楽しい教育現場を増やすことをめざす

教育には継続する力も必要です。同時に、継続には前向きな明るさ、楽しさが必要です。先生の明るい笑顔は子どもたちの元気を生みます。子どもたちの元気な笑顔で先生も元気になります。みんなが元気になることで、教育現場は変わります。日本中の教育現場が、元気で楽しい力に満ちたものであるために――さくら社は、書籍を通じて笑顔を増やしていきたいと考えています。

●たくましく豊かな未来へとつなげることをめざす

教育は、未来をつくるものです。教育が崩れると未来の社会が崩れてしまいます。教育がたくましくなれば、未来もたくましく豊かになります。たくましく豊かな未来を実現するために、教育現場の現在を豊かなものにしていくことが必要です。さくら社は、未来へとつながる教育のための書籍を生み出していきます。